Estética

Benedetto Croce

¿Qué es el arte?

casimiro

casimiro [*casimiroa edulis*]

Extraído de *Breviario di Estetica*, Laterza, Bari, 1913

En portada: Giambattista Tiepolo, *Baco y Ariadna*, ca. 1740
    Metropolitan Museum of Art, Nueva York

ISBN: 978-84-19524-44-7
D. L.: M-2351-2025

Hecho en Madrid

Índice

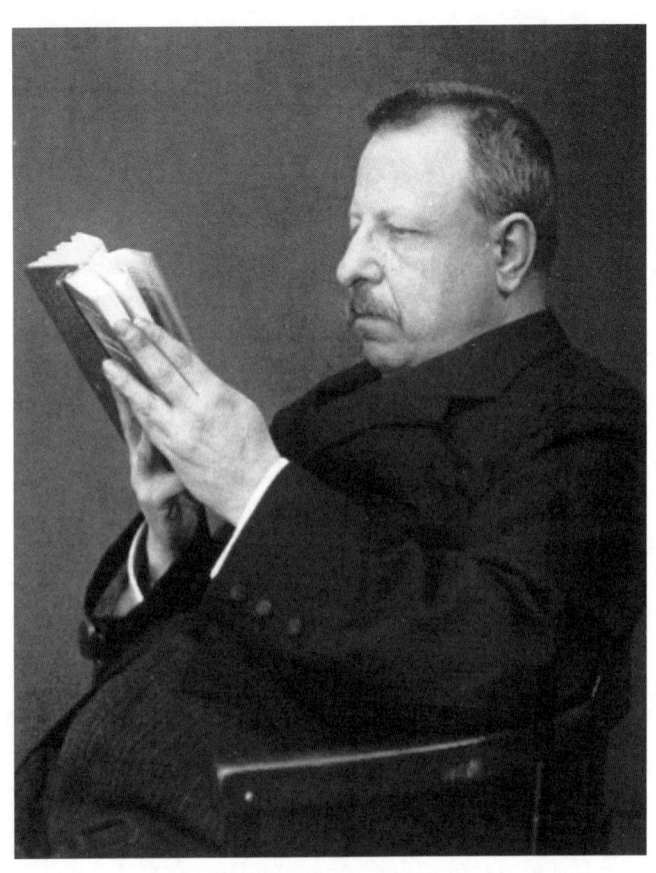

BENEDETTO CROCE
(Pescasseroli, Abruzzo, 1866 - Nápoles, 1952)
Retratado hacia 1910

Con motivo de la inauguración, celebrada en el mes de octubre del año pasado, del Rice Instituto –la nueva y gran Universidad de Houston en el Estado de Tejas–, fui invitado por su presidente, el profesor Edgar Lovett Odell, a pronunciar algunas lecciones sobre los temas que forman el contenido de este volumen y que fueran para los oyentes como una orientación sobre los problemas capitales de la Estética. Habiéndome excusado, a causa de mis muchas ocupaciones, que me impedían, por el momento, emprender un largo viaje al golfo de Méjico, se me replicó, con la mayor cortesía, que se me dispensaba del viaje corporal a cambio de que enviase el manuscrito de las lecciones para traducirlo al inglés –como se hizo en seguida– e incorporarlo a los volúmenes conmemorativos de la inauguración. Y en pocos días escribí estas lecciones, cumpliendo el compromiso que contraje. Luego, después de haber acabado mi tarea, advertí, con cierto regodeo mental, que no solamente había condensado en ellas los conceptos más importantes de mis volúmenes anteriores sobre el mismo tema, sino que además los había expuesto con mayor cohesión y más aguda perspicacia que en mi *Estética*, que tiene ya la respetable antigüedad de doce años. Una nueva idea se apoderó también de mi espíritu; la idea de que estas lecciones recogidas aquí pueden ser útiles para los jóvenes que se consagran al estudio de la poesía y, en general, del arte, y hasta servir en las escuelas secundarias como libro auxiliar y de consulta en los estudios literarios y filosóficos. Porque tengo para mí que la Estética, cuando se enseña con habilidad, sirve, mejor que otra disciplina filosófica cualquiera, de introducción y de pórtico para el aprendizaje de la filosofía, porque el arte y la poesía despiertan en seguida el ejercicio de la atención y de la reflexión de los muchachos. La Lógica, en cambio, supone el ejercicio previo de las investigaciones científicas, resultando para ellos demasiado abstracto, y la Ética –al menos en Italia, donde por razones históricas, de todos conocidas, falta el estímulo que el espíritu religioso ejercita sobre la meditación del humano destino– parece generalmente una prédica cansina y machacona, y la llamada Psicología, más que preparación, suele ser disertación de la filosofía. Los problemas del arte, por el contrario, conducen más hacedera y espontáneamente, no sólo a conquistar el hábito de la especulación, sino a gustar por anticipado de las mieles de la lógica, de la ética y de la metafísica, ya que, por ejemplo, comprender la relación de contenido y forma en el arte es comenzar a comprender la síntesis *a priori*; comprender la relación de intuición y expresión vale tanto como superar el materialismo y, a la vez, el dualismo espiritualista; comprender el empirismo de las clasificaciones de los géneros literarios y de las artes es lo mismo que darse cuenta de la diferencia entre el procedimiento naturalista y el filosófico,... y así sucesivamente.

B. C

Nápoles, 1 de enero de 1913.

¿QUÉ ES EL ARTE?

A la pregunta *¿qué es el arte?* puede responderse bromeando, con una broma que no es completamente necia, que el arte es aquello que todos saben lo que es. Y verdaderamente, si no se supiera de algún modo lo que es el arte, no podríamos tampoco formularnos esta pregunta, porque toda pregunta implica siempre una noticia de la cosa preguntada, designada en la pregunta y, por ende, calificada y conocida. Cosa sobre la cual podemos hacer una experiencia de hecho, sí nos damos cuenta de las ideas, justas y profundas, que oímos con frecuencia formular con relación al arte por aquellos que no son profesionales de la filosofía y de la teoría, por los laicos, por los artistas poco amigos de razones, por las personas ingenuas, hasta por las gentes del pueblo; ideas que van muchas veces implícitamente envueltas en los juicios que se hacen en torno a determinadas obras de arte, y que algunas veces se pronuncian en forma de aforismos y de definiciones. Y hasta damos en la flor de sospechar que pudiéramos reírnos a mandíbula batiente, siempre que nos viniese en ganas, de los filósofos orgullosos que pretenden haber descubierto la naturaleza del arte, metiéndonos por los ojos y por los oídos proposiciones escritas en los libros más vulgares y frases del acervo común de las gentes, advirtiéndonos que contienen, con la mayor claridad, su flamante descubrimiento.

El filósofo tendría siempre ocasión de avergonzarse si mantuviese alguna vez la ilusión de haber legado, con sus doctrinas personales, algo completamente original a la común conciencia humana, algo extraño a esta conciencia, la revelación de un mundo enteramente nuevo. Pero no se turba y sigue derecho su camino, porque sabe que. la pregunta, ¿qué cosa es el arte? –como, en general, toda pregunta filosófica sobre la naturaleza de lo real y toda pregunta de conocimiento–, si adquiere en las palabras que se emplean cierto matiz de problema general y total, que se pretende resolver por primera y por última vez, tiene siempre, en efecto, un significado circunstancial, que reza con las dificultades especiales que se viven en un momento determinado de la historia del pensamiento. Ciertamente la verdad corre por su camino, como la chispa del conocido proverbio francés, y como la metáfora "reina de los tropos", según los sectores con que Montaigne se topaba en la cháchara de su camarera. Pero la metáfora de la camarera es la solución de un problema que expresa precisamente los sentimientos que agitan en aquel instante el espíritu de ésta, y las afirmaciones triviales que intencionada o incidentalmente oímos sobre la naturaleza del arte, son soluciones de problemas lógicos que se presentan a éste o al otro individuo que no hace profesión de filósofo, y que, sin embargo, como hombre, y como tal hombre, es filósofo en cierta medida. Y así como la metáfora de la camarera expresa, por regla general, una limitada y pobre concepción de sentimientos con relación a los poetas, del mismo modo la afirmación trivial de un no filósofo resuelve un problema liviano con relación al problema que el filósofo se ha propuesto. La respuesta, ¿qué cosa es el arte?, puede ser semejante en uno y en otro caso, pero solamente en la apariencia, ya que se complica después con la riqueza distinta de su contenido íntimo. La respuesta del filósofo digno de tal nombre ha de tener nada menos que la pretensión de resolver adecuadamente todos los problemas que han surgido, hasta aquel momento, en el curso de la historia, en torno a la naturaleza del arte, y la del laico, moviéndose en un círculo bastante más limitado, no tiene brío para salirse de éste. Fenómeno que probamos experimentalmente con la fuerza del eterno procedimiento socrático, con la facilidad con que los inteligentes confunden y dejan con la boca abierta a los que no lo son y con la coordinación de sus preguntas, que obligan a callar a los legos que habían comenzado a hablar atinadamente, advirtiendo de paso que se arriesgan demasiado en el curso del interrogatorio y que lo poco que saben lo saben mal, atrincherándose detrás de las defensas de su fortaleza y declarando que no hilan delgado en achaque de *sutilezas*.

El orgullo del filósofo debe encastillarse en la conciencia de la intensidad de sus preguntas y de sus respuestas, orgullo que no puede ir acompañado de la modestia, o lo que es igual, del conocimiento que le presta la mayor o menor extensión de su juicio con la posibilidad de un momento determinado, y que tiene sus límites, trazados por la historia de aquel momento, sin que pueda pretender un valor de totalidad, o como suele decirse, una solución definitiva. La vida ulterior del espíritu, renovando y multiplicando sus problemas, convierte no sólo en falsas; sino también en improcedentes, las soluciones anteriores, parte de las cuales caen en el número de las verdades que se sobreentienden, y parte de las cuales tienen que rehacerse y completarse. Un sistema es como una casa, que después de haberse construido y decorado –sujeta, como está, a la acción destructora de los elementos– necesita de un cuidado, más o menos enérgico, pero asiduo, de conservación, y que, en un momento determinado, no sólo hay que restaurar y apuntalar, sino echar a tierra sus cimientos para levantarlos de nuevo. Pero hay una diferencia capital entre un sistema y una casa: en la obra del pensamiento, la casa, perpetuamente nueva, está perpetuamente sostenida por la antigua, que de un modo mágico y prodigioso perdura siempre en ella. Ya sabemos que los que ignoran esta arte mágica, los intelectuales superficiales o ingenuos, se asombran hasta el punto de que sus monótonas cantilenas estriban en la declaración de que la filosofía deshace continuamente su obra y de que unos filósofos contradicen a los otros como si el hombre no hiciese, deshiciese y rehiciese continuamente su habitación; como si el arquitecto de mañana no rectificase los planos del arquitecto de hoy, y como si de este hacer, y deshacer, y rehacer la propia casa, y de esta rectificación de unos arquitectos y otros arquitectos pudiese derivarse la conclusión de que no debemos levantar viviendas para morar en ellas.

Con la ventaja de una intensidad más rica, las preguntas y las respuestas del filósofo llevan consigo el peligro de un mayor error, y están frecuentemente viciadas por cierta ausencia de buen sentido que, en cuanto pertenece a una esfera superior de cultura, tiene, hasta en su comprobación, un carácter aristocrático, objeto no sólo de desdenes y de burlas, sino de envidia y de admiración secretas. En esto se funda el contraste, que muchos se complacen en hacer resaltar, entre el equilibrio mental de la gente ordinaria y las extravagancias de los filósofos. A ningún hombre de buen sentido se le ocurre decir, por ejemplo, que el arte es la resonancia del instinto sexual, o que el arte es un maleficio que debe ser castigado en las repúblicas bien gobernadas; absurdo que han dicho, sin embargo, filósofos y grandes filósofos, por lo demás. La inocencia del hombre de buen sentido es, sin embargo, pobreza e inocencia de salvaje, y aunque se haya suspirado muchas veces por la vida inocente del salvaje y se haya acudido a expedientes socorridos para aliar la filosofía con el buen sentido, es lo cierto que el espíritu, en su desenvolvimiento, afronta con toda valentía, porque no puede menos de hacerlo así, los peligros de la civilización y el desvío momentáneo del buen sentido. La indignación del filósofo en torno al arte tiene que recorrer las vías del error para topar con el sendero de la verdad, que no es distinto de aquéllas, sino aquéllas mismas, atravesadas por un hilo que permite dominar el laberinto.

El mismo nexo del error con la verdad nace del hecho de que un mero y completo error es inconcebible y, como inconcebible, no existe. El error habla con dos voces, una de las cuales afirma la falsedad que desmiente la otra, topándose el sí y el no en lo que llamamos contradicción. Por eso, cuando desde la consideración genérica descendemos a una teoría que se ha considerado como errónea en todas sus partes, y en sus determinaciones, nos encontramos en ella misma la medicina de su error, germinando la verdadera teoría, del estercolero en que brotó el error. Los mismos que tratan de reducir el arte al instinto sexual recurren, para demostrar su tesis, a argumentos y

16

comprobaciones que, en lugar de unir, separan al arte de aquel instinto. Y el mismo que desterraba la poesía de toda república bien ordenada, se ofuscaba al proclamar aquella expulsión y creaba de aquel modo una poesía sublime y nueva. Hay períodos históricos en los que han dominado las más torcidas y groseras doctrinas sobre el arte, lo que no impide que hasta en aquellos mismos períodos se discierna lúcidamente lo bello de lo feo, y hasta que se discurra en torno a esos conceptos con la mayor sutileza cuando, olvidándose de las teorías abstractas, se acude a los casos particulares. El error se condena siempre, no en la boca del juez, sino *ex ore suo*.

Por este nexo estrecho con el error, la afirmación de la verdad es siempre un proceso de lucha, en la que se viene libertando el error del mismo error. De donde brota un piadoso, pero imposible deseo: el que exige que la verdad se exponga directamente, sin discutir y sin polemizar, dejándola que proceda majestuosamente y por sí misma, como si tales paradas de teatro fuesen el mejor símbolo para la verdad, que es el mismo pensamiento, y como tal pensamiento, siempre activo y en formación. En efecto, nadie llega a exponer una verdad sino gracias a la crítica de las diversas soluciones del problema a la que se refiere aquélla, y no conocemos un tratado mezquino de ciencia filosófica, manual de escolástico o disertación académica que no coloque a la cabeza o no contenga en su texto la reseña de las opiniones, históricamente formuladas o idealmente posibles, de las cuales quieran ser la oposición o la corrección. Todo lo cual, expuesto arbitrar lamente y con cieno desorden, expresa precisamente la exigencia legítima, al tratar un problema, de recorrer todas las soluciones que se han intentado en la Historia o son susceptibles de intentarse en la idea –en el momento presente y, por lo tanto, en la Historia– de modo que la nueva solución incluya en su regazo la labor procedente del espíritu humano.

Esta exigencia es una exigencia lógica, y como tal, intrínseca a todo verdadero pensamiento e inseparable de él. No confundamos esta exigencia con cierta forma literaria de exposición, para no caer en la pedantería que hizo famosos a los escolásticos durante la Edad Media y a los dialécticos de la escuela hegeliana en el siglo XIX, bastante cercana a la superstición formalista, que creé en la virtud maravillosa de cierta manera extrínseca y mecánica de exposición filosófica. Tenemos que entender esta exigencia de modo sustancial y no accidental, respetando su espíritu y prescindiendo de su letra, moviéndonos en la exposición del propio pensamiento de la libertad, según los tiempos, los lugares y las personas. De modo que yo mismo, en estas rápidas conferencias que quieren dar como una orientación en la forma de tratar los problemas de arte, me guardaré muy bien –como ya he hecho– de referir la historia del pensamiento estético o de exponer dialécticamente –como he expuesto también en otro lado– todo el proceso de liberación de las concepciones erróneas del arte, desde las más pobres hasta las más ricas, arrojando, además, no lejos de mí, sino de mis lectores, una parte del bagaje, que ya volverán a recuperar cuando, conocedores de la visión del paisaje examinado a vista de pájaro, se determinen a realizar ciertas excursiones particulares en esta o en la otra zona o a recorrerlo todo, de una vez, de cabo a rabo.

Sin embargo, volviendo a la pregunta que ha dado ocasión a este prólogo indispensable –indispensable para huir de toda apariencia de pretenciosidad y de inutilidad en mi discurso–, volviendo a la pregunta ¿qué es el arte?, diré, desde luego, del modo más sencillo, que el arte es visión o intuición. El artista produce una imagen o fantasma, y al que gusta del arte dirige la vista al sitio que el artista le ha señalado con los dedos y ve por la mirilla que éste le ha abierto, y reproduce la imagen dentro de sí mismo. Intuición, visión, contemplación, imaginación, fantasía, figuración, representación, son palabras sinónimas cuando discurrimos en derredor del arte y que elevan nuestra mente al mismo concepto o a la misma esfera de conceptos, indicio del consenso universal.

Pero esta respuesta mía de que el arte es intuición adquiere inmediatamente una significación particular a cuenta de todo lo que implícitamente niega y de lo que distingue el arte. ¿Qué negaciones se comprenden en la respuesta? Indicaré las principales, o al menos las que son más importantes para nosotros, en nuestro momento actual de cultura.

La respuesta niega, ante todo, que el arte sea un fenómeno físico: por ejemplo, ciertos y determinados colores y relaciones de colores, ciertas y determinadas formas de cuerpo, ciertos y determinados sonidos y relaciones de sonidos, ciertos fenómenos de calor y de electricidad: lo que llamamos, en una palabra, fenómeno físico. En el pensamiento humano ya se ha caído en el error de confundir el arte con el fenómeno físico, y como los niños que tocan la pompa de jabón y que quieren tocar el arco iris, el espíritu humano, admirando las cosas bellas, trata de buscar las raíces del arte en la naturaleza externa, y se da a pensar, o cree deber pensar, por qué ciertos colores son bellos y otros feos, por qué son bellas ciertas formas del cuerpo y Otras feas. De propósito, y metódicamente, esta tentativa se ha hecho varias veces en la historia del pensamiento; recordemos los cánones que los artistas y teóricos griegos y del Renacimiento formaron para determinar la belleza de los cuerpos, las especulaciones sobre las relaciones geométricas y numéricas determinables en las figuras y en los sonidos, sin olvidarnos de las investigaciones de los estéticos del siglo XIX –por ejemplo, de Fechner–, y de las comunicaciones que en los Congresos de filosofía, de psicología y de ciencias naturales de nuestros días, presentan los imperitos acerca de las relaciones de los fenómenos físicos con el arte. Si se nos pregunta la razón por la que el arte no puede ser un fenómeno físico, responderemos en primer lugar que los hechos físico, no tienen realidad, y que el arte, al cual tantas personas consagran por entero su vida y que a todos llena de una alegría divina, es sumamente real.

De modo que el arte no puede ser un fenómeno físico, porque todo fenómeno físico es irreal. Respuesta que, desde luego, nos traslada al mundo de la paradoja, porque nada se le antoja al hombre del vulgo más sólido y seguro que el mundo físico. Pero a nosotros no nos es posible, asentada esta verdad, abstenernos de la razón buena o sustituirla con otra menos buena, solamente porque la primera tiene semblante de mentira. Por lo demás, y para borrar la extrañeza y la aspereza de aquella verdad, para reconciliarnos y familiarizarnos con ella, consideremos que la demostración de la irrealidad del mundo físico no solamente se ha hecho de modo irrebatible y ha sido admitida por todos los filósofos que no sean crasos materialistas y se revuelvan en las estridentes contradicciones del materialismo, sino que ha sido abrazada por los mismos físicos, en los esbozos de filosofía que mezclan con su ciencia, cuando conciben los fenómenos físicos como productos de principios que escapan a la experiencia, remontándose a los átomos y al éter, y como manifestación de un Incognoscible: la misma Materia de los materialistas es, sin ir más lejos, un principio sobrematerial. Y así los fenómenos físicos se desenvuelven por su lógica interna y por el asenso común, no ya como una realidad, sino como la construcción de nuestro intelecto en relación con los fines de la ciencia. En consecuencia, la pregunta de si el arte es un fenómeno físico asume racionalmente la significación de si el arte es construible físicamente. Lo que es ciertamente posible, y lo comprobamos experimentalmente, siempre que, prescindiendo del sentido de una poesía y renunciando de antemano al deleite que nos proporciona, nos pongamos a modo de ejemplo, a contar las palabras que componen la poesía, y a dividirlas en números y en letras, o siempre que, olvidándonos del efecto estético de una estatua, nos pongamos a medirla o a pesarla. Cosa muy útil ésta para los embaladores de estatuas, como muy útil la otra para los tipógrafos que han de componer páginas de poesía, pero inútil completamente para el contemplador y el estudioso del arte, a los que no es lícito distraerse de su misión propia. Ni siquiera el arte es un fenómeno físico en este segundo significado, ya que cuando nos proponemos penetrar su naturaleza y el modo de obrar de ella de nada nos vale construirla físicamente.

Otra negación va implícita en la definición del arte como intuición, porque si el arte es intuición y la intuición vale tanto como teoría en el sentido originario de contemplación, el arte no puede ser un acto utilitario. Y si el acto utilitario trata siempre de producir un placer y de alejar un dolor, el arte, considerado en su naturaleza propia, no tiene nada que ver con la utilidad, o con el placer y con el dolor, como tales. Se concederá, en efecto, sin demasiada resistencia, que un placer como placer, que un placer cualquiera, no es por sí mismo artístico.

No es artístico el placer de beber un vaso de agua, que nos calma la sed; de un paseo en pleno campo, que tonifica nuestros miembros y que hace circular más ligeramente la sangre en nuestro organismo; de conseguir un puesto deseado, que sirve para dar asiento económico a nuestra vida práctica, etcétera, etc. Hasta en las relaciones entre nosotros y las obras de arte, salta a los ojos la diferencia entre el placer y el arte, porque la figura representada puede ser muy querida para nosotros y despertar los más deleitosos recuerdos a nuestro espíritu, siendo el cuadro horrible y, por el contrario, el cuadro puede ser bello y la figura que representa odiosa para nuestro corazón. o el mismo cuadro que representamos bello puede despertar nuestra rabia y nuestra envidia, porque es obra de un enemigo o de un adversario nuestro, al cual producirá ventajas de toda clase, dándole mayor prestigio. Nuestros intereses prácticos, con los dolores y placeres correlativos, se mezclan y se confunden algunas veces con nuestro interés artístico, hasta lo perturban, pero no se confunden con él. A lo más, para sostener con mayor validez la afirmación de que el arte es lo agradable, llegaremos a afirmar que el arte no es lo agradable en general, sino una forma particular de lo agradable. Pero esta restricción, en lugar de ser una defensa, es un verdadero abandono de la tesis, porque si el arte es una forma particular de lo agradable, su carácter definitivo lo determina, no lo agradable en general, sino lo que distingue lo agradable, en general, de las otras especies de lo agradable, y a ese elemento distintivo –más que a lo agradable o a lo distintivo de lo agradable– hay que sujetar la investigación. La doctrina que define el arte como lo agradable, tiene una denominación especial –Estética hedonista– y largas y complicadas vicisitudes en la historia de las doctrinas estéticas; se manifiesta en el mundo grecorromano, asoma la cabeza en el siglo XVIII, torna a florecer en la segunda mitad del XIX y revive aún con gran predicamento, gozando la fama especial y siendo más bien acogida entre los principiantes de estética, que se dejan convencer por la consideración de que el arte suscita placer. La vida de esta doctrina consiste en proponer alternativamente una u otra clase de placeres, o varias clases de placeres a la vez, el placer de los sentidos superiores, el placer del juego, la conciencia de la propia fuerza, el erotismo, etc., o en añadir elementos distintos a lo agradable, por ejemplo, lo útil cuando se endeude como algo distinto de lo agradable, la satisfacción de las necesidades cognoscitivas, morales, etc. Teoría que ha progresado bastante por el hecho de su movilidad precisamente, y porque ha dejado introducir elementos extraños en su regazo, elementos que ha habido que admitir por la necesidad de casar esta doctrina con la realidad del arte, teniendo que llegar a disolverse como teoría hedonista, promoviendo inconscientemente una nueva doctrina, o haciéndonos advertir, al menos, la necesidad de ella. Como todo error, tiene su lado de verdad –ya hemos visto que el de la doctrina física consiste en la posibilidad de la construcción física del arte, igual a la de otro fenómeno físico cualquiera– la doctrina hedonística expresa la verdad cuando pone de relieve el acompañamiento hedonístico o placentero, que es común a la actividad estética y a cualquiera otra especie de actividad espiritual, y que no se niega precisamente porque neguemos del todo la identificación del arte como lo agradable, y porque distingamos el arte, de lo agradable, definiéndole como intuición.

Otra negación que hacemos al definir el arte como intuición es que el arte sea un hecho moral o, lo que es lo mismo, aquella forma de acto práctico que, acercándose necesariamente a lo agradable, al placer y al dolor, no es inmediatamente utilitario y hedonista y se mueve en una esfera espiritual superior. Y en verdad, el arte, como ya se observó desde la más remota antigüedad, no nace por obra de la voluntad; la buena voluntad que caracteriza al hombre honrado nada tiene que ver con el artista. Y como no nace por obra de voluntad, se substrae también a toda reflexión moral, no porque el artista disfrute de un privilegio de exención, sino porque no hay modo de aplicarle esa reflexión moral. Una imagen artística podrá ser un acto moralmente laudable o censurable; pero la imagen artística, como tal imagen, no es ni laudable ni censurable moralmente. No existe Código penal que pueda condenar a prisión o a muerte ninguna imagen, ni hay juicio moral, dado por persona razonable, que pueda girar en torno a ella; juzgar inmoral a la Francesca del Dante o moral a la Cordelia de Shakespeare –que tienen una mera finalidad artística y que son como notas musicales del alma del Dante o de Shakespeare– vale tanto como reputar moral un cuadro o inmoral un triángulo. La teoría moralista del arte está representada en la historia de las doctrinas estéticas y no ha muerto aún en nuestros días, aunque esté muy desacreditada en la opinión común; desacreditada no sólo por su demérito intrínseco, sino por el demérito moral de algunas tendencias contemporáneas que tratan de convertir en pasable, con la ayuda del fastidio psicológico, la hostilidad que debe hacerse a esa tendencia –y que hacemos aquí– por razones lógicas. Derivación de la doctrina moralista es el fin que quiere imponerse al arte de enderezarse al bien, de inspirar el aborrecimiento del mal, de corregir y de mejorar las costumbres y la pretensión de los artistas de contribuir, por su parte, a la educación de la plebe, a la vigorización del espíritu nacional y belicoso de un pueblo, a la difusión de los ideales de vida modesta y laboriosa, y así sucesivamente.

El arte no puede hacerlo todo, como no puede hacerlo tampoco la geometría, sin que a pesar de su importancia pierda nada de su respetabilidad, como tampoco tiene por qué perderla el arte. Los mismos estéticos moralistas se daban cuenta de la impotencia del arte como elemento moralizador, y por eso transigían con él de la mejor gana del mundo, permitiéndole placeres que no fueran morales, con tal que no fueran abiertamente deshonestos, recomendándoles que utilizasen con buenos fines el dominio que el arte con su fuerza hedonística ejercía sobre el espíritu y que endulzasen las píldoras, poniendo buena dosis de azúcar en los bordes del vaso que contenía la amarga medicina, y que hiciese de ramera si no sabía jugar con las naturales y viejas caricias, al servicio de la Santa Iglesia y de la moral. Otras veces se valían de esta teoría como de un instrumento divertido, no sólo porque la virtud y la ciencia son cosas ásperas por sí mismas, sino porque el arte puede limar las asperezas, haciendo amena y atrayente la entrada en el palacio de la ciencia, conduciendo a los hombres a través de ella, como si fuera el jardín de Armida, dulce y voluptuosamente, sin que los hombres se den cuenta del alto placer que se procuran y de la crisis de renovación que a sí mismos se preparan. Al hablar ahora nosotros de esta teoría no podemos menos de sonreímos, pero no debemos olvidar que fue cosa muy seria, que correspondió a un serio esfuerzo para penetrar en la naturaleza del arte y elevar su concepto, y que tuvo creyentes que se llamaron Dante, Tasso, Alfieri, Manzoni y Mazzini, para limitarme solamente a la literatura italiana. La doctrina moralista del arte fue, es y será perpetuamente benéfica por sus mismas contradicciones, y fue y será un esfuerzo, desgraciado por lo demás, para distinguir el arte de lo mero agradable, con el cual se confunde, designándole un puesto más digno. Y tiene su lado verdadero esta teoría, porque si el arte no está del lado de allá de la moral, tampoco está del lado de acá, pero a su imperio está sometido siempre el artista en cuanto hombre que como tal hombre no puede substraerse a estos deberes, y el arte mismo –que no es ni será nunca la moral– debe considerarse como una misión y ejercitarse como un sacerdocio.

Todavía –y ésta es la última y tal vez la más importante de las negaciones generales que me conviene recordar de propósito– al definir el arte como intuición se niega que tenga carácter de conocimiento conceptual. El conocimiento conceptual, en su forma pura, que es la filosófica, es siempre realista, porque trata de establecer la realidad contra la irrealidad o de rebajar la irrealidad, incluyéndola en la realidad como momento subordinado a la realidad misma. Pero intuición quiere decir precisamente indistinción de realidad e irrealidad, la imagen en su valor de mera imagen, la pura idealidad de la imagen. Al contraponer el conocimiento intuitivo y sensible al conceptual o inteligible, la estética a la ética, se trata de reivindicar la autonomía de esta forma de conocimiento, más sencilla y elemental, que ha sido comparada al sueño, al sueño y no al sonido, de la vida teórica, respecto de la cual la filosofía ha sido comparada a la vigilia. El que ante una obra de arte pregunta si lo que el artista ha expresado es metafísica e históricamente verdadero y falso, formula una pregunta sin contenido y cae en un error análogo al del que quiere traducir, ante el tribunal de la moral, las áreas imágenes de la fantasía. Sin contenido, decimos, porque la distinción de lo verdadero y de lo falso implica siempre una afirmación de realidad o, lo que es igual, un juicio, pero no puede recaer sobre la presentación de una imagen o sobre un mero sujeto, que no sea sujeto de juicio, careciendo de carácter y de predicado. Y no cabe decir que la individualidad de la imagen subsiste sin una referencia a lo universal, del que aquella imagen es como individuación, porque aquí no negamos que lo universal, como el espíritu de Dios, esté por todas partes y anime a todas las cosas; lo que negamos es que la intuición, como tal intuición, lo universal, esté lógicamente explícito y pensado. Y es vano también acudir al principio de la unidad del espíritu, que no se disuelve, sino que se refuerza con la distinción neta entre pensamiento y fantasía, porque únicamente de la distinción brota la oposición y de la oposición la unidad concreta.

La idealidad –como se ha dado en llamar este carácter que distingue la intuición del concepto, el arte de la filosofía y de la historia, la afirmación de lo universal de la percepción y narración del suceso– es la virtud íntima del arte. El arte se disipa y muere cuando de la idealidad se extraen la reflexión y el juicio. Muere el arte en el artista, que de tal se trueca en crítico de sí mismo, y muere también en el que mira o escucha, porque de arrobado contemplador del arte se transforma en observador penetrante de la vida.

Pero el distinguir el arte de la filosofía –entendiendo ésta en su amplitud, que comprende todo pensamiento de lo real–, trae consigo otras distinciones; por ejemplo, la de arte y mito. Porque el mito, para quien cree en él, se presenta como revelación o conocimiento de la realidad contra lo irreal, alejando de sí toda suerte de creencias como ilusorias y falsas. El mito puede convertirse en arte solamente para el que no cree en él, para el que se vale de la mitología como de una metáfora, del mundo austero de los dioses como de un mundo bello y de Dios como de una imagen de lo sublime. Considerado, pues, en la genuina realidad, en el espíritu del creyente y no del incrédulo, el mito es religión y no simple fantasma, y la religión es filosofía, filosofía en elaboración, filosofía más o menos perfecta, pero filosofía, del mismo modo que la filosofía es religión más o menos purificada y elaborada, en continuo proceso de elaboración y purificación, pero religión o pensamiento de lo Absoluto y de lo Eterno. El arte, para ser mito y religión, le falta precisamente el pensamiento y la fe que del pensamiento brota. El artista no cree ni deja de creer en su imagen; la produce sencillamente. Por distintas razones, el concepto del arte como intuición excluye también la concepción del arte como producción de clases, de tipos, de especies y de géneros y también excluye la concepción del arte –como hubo de decir un gran matemático y filósofo– como ejercicio de aritmética inconsciente, o lo que es igual, distingue el arte de las ciencias positivas y matemáticas, porque en éstas se da la forma conceptual, aunque privada del carácter realista, como mera representación general o mera abstracción. Lo que ocurre es que tales idealidades, que las ciencias naturales y matemáticas parecen asumir frente al mundo de la filosofía, de la religión y de la historia, y que parecen acercarlas al arte, por lo cual de tan buena gana los científicos y los matemáticos se ufanan en nuestros días de ser creadores de mundos y de ficciones, hasta el punto de adoptar el vocabulario de las imágenes y figuraciones de los poetas, y lo logran renunciando al pensamiento concreto, mediante una generalización o una abstracción, que son arbitrios, decisiones volitivas, actos prácticos, y como tales actos prácticos, extraños al mundo del arte y adversarios de él. Por eso ocurre que el arte prueba bastante más repugnancia por las artes positivas y matemáticas que por la filosofía, la religión y la historia, porque éstas se le presentan como conciudadanas en el mismo mundo de la teoría y del pensamiento, en tanto que aquéllas le ofenden con su rudeza habitual en achaques de contemplación.

Poesía y clasificación o, peor todavía, poesía y matemáticas parecen cosas tan poco de acuerdo como el fuego y el agua: el *esprit mathématique* y el *esprit scientifique* son los enemigos declarados del *esprit poétique*; los tiempos en que predominan las ciencias naturales y matemáticas, por ejemplo, en el intelectualísimo siglo XVIII son, por contraste, los más fecundos para la poesía.

Esta reivindicación del carácter alógico del arte es, como ya he dicho, la más difícil e importante de las polémicas incluidas en la forma del arte-intuición, ya que las teorías que tratan de explicar el arte como filosofía, como religión, como historia, como ciencia y, en grado menor, como ciencia matemática, ocupan, en efecto, la mayor parte en la historia de la ciencia estética y se adornan con los nombres de los filósofos más gloriosos. En la filosofía del siglo XVIII tenemos ejemplos de identificación y de confusión del arte con la religión y la filosofía que nos suministran Schelling y Hegel; Taine confunde el arte con las ciencias naturales; los veristas franceses lo barajan con la observación histórica y documentada; el formalismo de los herbartianos confunde el arte con las matemáticas. Pero sería inútil buscar en todos estos autores, o en otros que pudiéramos recordar, ejemplos puros de tales errores. El error nunca es puro; si lo fuera, sería verdad. Y por eso las doctrinas, que para mayor brevedad llamaré conceptualistas del arte, contienen dentro de sí elementos disolventes, tan más numerosos y eficaces cuanto más enérgico era el espíritu del filósofo que los producía. En nadie fueron más numerosos y eficaces que en Schelling y en Hegel, porque tuvieron tan viva conciencia de la producción artística, que hubieron de sugerir con sus observaciones en el desarrollo particular de cada caso una teoría opuesta a la que formularon en sus sistemas respectivos. Por lo demás, las nuevas teorías conceptualistas no sólo son superiores a las que hemos examinado anteriormente, en que reconocen el carácter teórico del arte, sino en que prestan su homenaje a la verdadera teoría, gracias a la exigencia que contienen de una determinación de relaciones –que, sí son de distinción, son también de realidad– entre la fantasía y la lógica, entre el arte y el pensamiento.

Ya puede verse cómo en la sencillísima fórmula de que "el arte es la intuición" –que traducida a otros aforismos sinónimos, por ejemplo, "el arte es obra de fantasía", se oye en boca de todos los que discurren diariamente sobre arte, y se encuentran con más viejos vocablos, imitación, ficción, fábula, en tantos libros antiguos–, dicha ahora en el cuerpo de un discurso filosófico, se llena de un contenido histórico, crítico y polémico, de cuya riqueza podemos dar algunas señales. No nos maraville que la conquista filosófica de esta fórmula nos haya costado una suma grande de fatigas, porque esta conquista equivale a poner el pie en una colina que disfrutamos sobre el campo de batalla. Por eso tiene más valor este hallazgo que si lo hubiésemos logrado paseando agradablemente en una tarde de paz. No es el sencillo punto de reposo de un paseo, sino el efecto y el símbolo de la victoria de un ejército. El historiador de la Estética sigue las etapas del laborioso avance –y éste es otro de los hechizos del pensamiento–, durante el cual, el vencedor, en Jugar de perder fuerzas por los golpes que el adversario le inflige, conquista nuevos bríos con tales golpes, llegando al punto suspirado a fuerza de rechazar al enemigo, que va en su compañía Yo no puedo recordar aquí sino de pasada la importancia que tiene el carácter aristotélico de la mimesis, que brotó en contraposición a la condena platónica de la poesía, y el intento de distinción que el mismo filósofo hizo de la poesía y de la historia, concepto no bastantemente desarrollado y tal vez no del todo maduro en su mente, y por eso apenas medio entendido durante mucho tiempo, y que había de ser, después de muchos siglos, durante los tiempos modernos, el punto de partida del pensamiento estético. De pasada recordaré también la conciencia más clara de la separación entre lógica y fantasía, entre juicio y gusto, entre intelecto y genio, que se viene afinando a través del siglo XVIII, y la forma solemne que tomó el contraste de poesía y metafísica en la *Ciencia nueva*, de Vico, Recordaré también la construcción escolástica de una *Aesthetica*, distinta de la lógica, como *gnoseología inferior y scientia cognitionis sensitivae*, por obra y gracia de Baumgarten que, por lo demás, permaneció encastillado en la concepción conceptualista del arte, y no realizó con su obra el propósito que había formado, y la crítica de Kant contra Baumgarten y todos los leibnizianos y wolffianos, que puso en claro cómo la intuición es la intuición, no "el concepto confuso", y el Romanticismo, que con su crítica artística y con sus historias, mejor tal vez que con sus sistemas, desarrolló la nueva idea del arte anunciada por Vico, y, en fin, en Italia, la crítica inaugurada por Francisco De Sanctis, que hizo prevalecer el arte como pura forma –empleando el vocabulario que él usaba– contra el utilitarismo, el moralismo y el conceptismo, esto es, como pura intuición.

Pero al pie de la verdad, "a guisa de surtidor"–como dice el terceto del Padre Dante– nace la duda, que es lo que rechaza la inteligencia del hombre, "de colina en colina",.. La doctrina del arte como intuición, como forma, como fantasía, da lugar a un problema ulterior –no digo último– que no es de contraposición y de distinción con respecto a la física, el hedonismo, la lógica y la ética, sino que nace en el campo mismo de las imágenes. Y poniendo en duda la suficiencia de la imagen para definir el carácter del arte, en realidad giramos en torno al modo de distinguir la imagen pura de la espuria, viniendo a enriquecer, de esta manera, el concepto de la imagen y del arte. ¿Qué papel –se pregunta– puede desempeñar en el espíritu del hombre un mundo de meras imágenes, sin valor filosófico, histórico, religioso y científico y hasta sin valor moral y hedonista? ¿Qué cosa hay más vana que soñar en la vida con los ojos abiertos, cuando en la vida se requiere no solamente ojos abiertos, sino mente abierta y espíritu perspicaz? ¡Las imágenes puras! El hecho de nutrir simplemente el espíritu con puras imágenes tiene una denominación poco honorífica: se llama fantasear, y lleva tras de sí, como secuela inevitable, el epíteto de ocioso, cosa bastante inconcluyente e insípida, por lo demás.

Pero ¿será todo esto el arte? Es cierto que algunas veces nos deleita la lectura de una novela de aventuras, donde unas imágenes se suceden a otras del modo más vario y peregrino, mas nos deleita en momentos de hastío, cuando nos vemos obligados a matar el tiempo. Hablando con toda conciencia, esto no es el arte. Se trata en tales casos de un pasatiempo y de un juego, pero si el arte fuese juego y pasatiempo caería en los amplios brazos, siempre dispuestos a recogerle, de las doctrinas hedonistas. Y una necesidad utilitaria y hedonista es la que nos mueve a aflojar, de cuando en cuando, el arco de la inteligencia y el arco de la voluntad, haciendo que desfilen las imágenes por nuestra memoria y combinándolas bizarramente con la imaginación, en una especie de semivigilia, de la que nos desamodorramos apenas hemos reposado un poco, y nos despertamos precisamente para acercarnos a la obra de arte, que no se produce por el que desvaría. De modo que el arte, o no es intuición pura, y las exigencias expresadas por las doctrinas que hemos refutado son falsas, razón por la cual aparece llena de dudas la misma refutación, o la intuición no puede consistir en un fenómeno simple de imaginación.

Para hacer más estrecho o más difícil el problema eliminaremos de él la parte más sencilla de la respuesta, y que no he querido olvidar porque es muy enredosa y confusa generalmente. En verdad, la intuición es producción de una imagen, no de un amasijo incoherente de imágenes que se obtiene remozando imágenes antiguas, dejando que se sucedan unas a otras arbitrariamente, combinándolas unas con otras, en un juego de niños. Para expresar esta distinción entre la intuición y el arte de fantasear, la vieja Poética aprovechaba, sobre todo, el concepto de unidad, advirtiendo que todo trabajo artístico había de ser *simplex et unum*, o aprovechando también el concepto afín de la unidad en la variedad, esto es, que las múltiples imágenes habían de reducirse a un centro común y fundirse en una imagen completa. La estética del siglo XIX derivó hacía la misma finalidad la distinción entre fantasía –equivalente a la facultad artística peculiar– e imaginación –equivalente a una facultad extraartística–. Mezclar imágenes, barajarlas, retocarlas y fragmentarlas supone previamente en el espíritu la producción y la posesión de las imágenes singulares. Si la fantasía es productora, la imaginación es parasitaria, apta para combinaciones extrínsecas, no para engendrar el organismo y la vida. El problema más profundo que palpita bajo la fórmula un tanto superficial con que lo he presentado antes es el de determinar la función que corresponde a la imagen pura en la vida del espíritu, o lo que es igual, cómo nace la pura imagen. Toda obra de arte genial suscita una larga serie de imitadores que generalmente repiten, recortan, combinan y exageran mecánicamente aquella obra de arte y toman el partido de la imaginación al lado o en contra de la fantasía. Pero ¿cuál es la justificación y cuál es la génesis de la obra genial que se condena luego –¡signo de gloria!– a tanto estrago? Para aclarar este punto convenientemente hay que profundizar en el carácter de la fantasía y de la pura intuición.

El modo mejor de profundizar es recordar y criticar las teorías –curándose mucho de no caer en el realismo ni en el conceptismo– que han tratado de diferenciar la intuición artística de la mera imaginación incoherente, estableciendo en qué consiste el principio de la unidad y justificando el carácter productor de la fantasía. Se ha dicho que la imagen artística es tal cuando une lo sensible a lo inteligible y representa una idea. Pero inteligible o idea no puede significar otra cosa –ni otra cosa representar tampoco entre los sostenedores de esta teoría– que concepto, y concepto concreto o idea, propio de la alta especulación filosófica y distinto del concepto abstracto o del representativo de las ciencias. Pero en todo caso, el concepto o la idea une siempre lo inteligible a lo sensible, y no solamente en el arte, porque el nuevo concepto del concepto, inaugurado por Kant, e inmanente, por decirlo así, en todo el pensamiento moderno, salva el desgarramiento del mundo sensible y del mundo inteligible, concibiendo el concepto como juicio, el juicio como síntesis *a priori* y la síntesis a priori como verbo que se hace carne, como historia. Así es que la definición del arte traslada la fantasía a la lógica y el arte a la filosofía y se nos aparece clara y eficaz, frente a la concepción abstracta de la ciencia, sin entrar en el problema del arte –la *crítica del juicio*– estético y teológico de Kant, que tuvo precisamente la misión histórica de corregir lo que aún quedaba de abstracto en la *crítica de la razón pura*. Ensamblar un elemento sensible en el concepto, fuera del que ya contiene en sí como concepto concreto, dejando a un lado las palabras en que se expresa, sería cosa superflua.

Persistiendo en esta indagación, se sale, sí, de la concepción del arte como filosofía y como historia, pero es para entrar en la concepción del arte como alegoría. Las enormes dificultades de la alegoría son bien conocidas, porque todos han advertido el carácter frío y antiartístico de ella. La alegoría es la unión intrínseca, el acoplamiento convencional y arbitrario de dos hechos espirituales, de un concepto o pensamiento y de una imagen, haciendo de suerte que la imagen ha de representar aquel concepto. Y no solamente, y en virtud de la alegoría, no nos explicamos el carácter unitario de la imagen artística, sino que se establece en seguida y de propósito una dualidad, porque en aquel acoplamiento al que hemos hecho referencia se establece una dualidad, ya que el pensamiento sigue siendo pensamiento y la imagen imagen, sin relación alguna entre sí. Y esto de tal modo, que al contemplar la imagen olvidamos, sin daño para ella, sino ventajosamente, el concepto, y al pensar en el concepto disipamos también, dichosamente, la imagen superflua y fastidiosa. La alegoría encontró gran aceptación en la Edad Media, en aquella mescolanza de germanismo y de romanismo, de barbarie y de cultura, de fantasía gallarda y de aguda reflexión, pero fue el perjuicio teórico y no la realidad efectiva del mismo arte medieval, que cuando era arte rechazaba de su seno y disolvía en sí todo alegorismo. Esta necesidad de resolución del dualismo alegórico nos lleva, en efecto, a afinar la teoría de la intuición como alegoría de la idea, de la teoría de la intuición como símbolo, porque en el símbolo la idea no vive por sí sola, pensable separadamente de la representación simbólica, ni ésta vive tampoco por sí misma, representable de modo vivo sin la idea simbolizada. La idea se disuelve completamente en la representación, como decía el estético Vischer, al que corresponde, por lo demás, la paternidad de un parangón tan prosaico en materia tan poética y tan metafísica como el de un terrón de azúcar disuelto en un vaso de agua, que permanece y reacciona en cada molécula de agua, pero que no vuelve a presentarse ante nuestros ojos como tal terrón de azúcar. Lo que ocurre es que la idea que ha desaparecido, la idea que se ha hecho representación, la idea que no puede ya aprehenderse como tal idea –salvo que queramos extraerle como el azúcar del agua azucarada– no es ya idea, sino solamente el signo del principio de unidad de la imagen artística. Claro está que arte es símbolo, que todo el arte es símbolo y que está henchido de significación. Pero ¿de qué símbolo se trata? ¿Qué es lo que significa? La intuición si es verdaderamente artística es verdaderamente intuición, y no un caótico amasijo de imágenes, sólo cuando tiene un principio vital que le anima, identificándose con ella. Pero ¿cuál es este principio?

La respuesta a tal interrogación se puede decir que viene desde fuera, como resultado del mayor contraste de tendencias que se haya dado jamás en el campo del arte –y que no aparece solamente en la época que tomó nombre de ese contraste porque predominó en ella; aludo a la oposición entre Romanticismo y Clasicismo–. Definiendo en general, como aquí conviene definir, y dejando a un lado las determinaciones accidentales y de poca monta, el Romanticismo exige al arte, sobre todo, la efusión espontánea y violenta de los afeaos, de los amores, odios, angustias, júbilos, desesperanzas y elevaciones, y se contenta con la mejor buena voluntad y se complace en imágenes vaporosas e indeterminadas, en estilos rotos y fragmentarios, en vagas sugestiones, en frases aproximadas, en esbozos torcidos y turbios. El Clasicismo, por el contrarío, gusta del ánimo apagado, del dibujo completo, de las figuras estudiadas en su carácter y precisas en sus contornos, de la ponderación, del equilibrio, de la claridad, tendiendo resueltamente a la representación como el Romanticismo tiende al sentimiento. Colocados en uno o en otro punto de vista, encontramos multitud de razones para defenderlo y para combatir el punto de vista contrario. Y así dicen los románticos : ¿De qué nos vale un arte rico de imágenes limpias, si no nos habla al corazón? o si habla al corazón, ¿ qué nos importa que no vaya acompañado de nítidas imágenes? Y exclaman los clásicos: ¿A qué conduce la explosión de los sentimientos, si el espíritu no reposa sobre una bella imagen? Si la imagen es bella, si nuestro espíritu queda satisfecho, ¿qué importa la ausencia de esas conmociones que cualquiera puede procurarse fuera de los dominios del arte, y que la vida nos regala con mayor abundancia de lo que nosotros mismos deseáramos? Pero cuando comienza a probarse el vacío de la estéril defensa de cualquiera de los dos puntos de vista es cuando elevamos la vista desde las obras comunes de arte –parto de las escuelas románticas y clásicas– a las obras llenas de pasión o fríamente decorosas, a las obras no de los discípulos, sino de los maestros, no de los adocenados, sino de los insignes, y vemos francamente que desaparece todo contraste y que no hay modo de defender uno u otro punto de vista, porque los grandes artistas, las grandes obras o los grandes fragmentos de ellas no pueden llamarse ni románticas ni clásicas, ni pasionales ni representativas, porque son a la vez representativas, pasionales, clásicas y románticas. Un sentimiento profundo se convierte a escape en una presentación sutilísima. Así, por ejemplo, las obras del arte griego y las del arte y la poesía italianos. La trascendencia medieval toma carne en el bronce del terceto dantesco; la melancolía y la suave fantasía en la transparencia de los sonetos y de las canciones del Petrarca; la sabía experiencia de la vida y la atención hacía los recuerdos pasados, en la limpia octava de Ariosto, y el heroísmo y el pensamiento de la muerte, en los perfectos endecasílabos sueltos de Foscolo, y la infinita vanidad del todo, en los sobrios y austeros cantos de Giacomo Leopardi. Hasta (dicho sea entre paréntesis y sin ánimo de compararlo con los ejemplos arriba señalados) los refinamientos voluptuosos y la sensualidad animal del moderno decadentismo internacionalista tienen su mejor expresión en la prosa y en el verso de un italiano, Gabriele D'Annunzio. Eran todas estas almas profundamente apasionadas –todas, hasta el sereno Ludovico Ariosto, tan amoroso, tan tierno, que con tanta frecuencia ocultaba sus emociones con la sonrisa– y sus obras de arte son la flor eterna que asomó sobre sus pasiones.

Estas experiencias y estos juicios críticos pueden compendiarse técnicamente en la fórmula de que lo que da coherencia y unidad a la intuición es el sentimiento. La intuición es verdaderamente tal porque representa un sentimiento, pudiendo surgir éste al lado o sobre la intuición. No es la idea, sino el sentimiento, lo que presta al arte la aérea ligereza del símbolo. El arte es una aspiración encerrada en el cerco de la representación, y en el arte la aspiración vive sólo por la representación, y la representación vive únicamente por la aspiración. Épica y lírica, o drama y lírica, son divisiones escolásticas de lo indivisible. El arte es siempre lírica, o si se quiere, épica y dramática del sentimiento. Lo que admiramos en las genuinas obras de arte es la perfecta forma fantástica que asume un estado espiritual, a lo que llamamos vida, unidad, logro, plenitud de la obra de arte. Lo que nos disgusta, en las falsas e imperfectas obras de arte, es el contraste que no ha llegado a unificarse de uno o de varios estados de ánimo, su estratificación, su mezcolanza o su procedimiento trabajoso, que recibe una unidad aparente del arbitrio del autor, que se sirve para tal fin de un esquema, de una idea abstracta o de una explosión extraartística de afectos. La serie de imágenes, que una a una se nos antojan ricas de evidencia, nos dejan luego desilusionados y recelosos, porque no las vemos engendradas por un movimiento anímico, sino por la mancha –como dicen los pintores– de un motivo, y se suceden y se atropellan sin la justa entonación, sin el acento que brota del espíritu. ¿Qué es la figura de un cuadro separada del fondo de este cuadro y llevada al de otro cuadro distinto? ¿Qué es el personaje de un drama o de una novela fuera de su relación con los demás personajes y con la acción general? ¿Qué valor tiene esta acción general si no es una acción del espíritu del autor?

Instructivas son, a este propósito, las disputas seculares en torno a la unidad dramática que desde las determinaciones intrínsecas del tiempo y del lugar se relaciona luego con la unidad de acción, y con la unidad de interés más tarde, para disolverse la unidad del interés en el interés del espíritu del autor, en el ideal que lo anima. Instructivos son, como hemos visto, los resultados críticos de la gran polémica entre clásicos y románticos, donde se trata de negar el arte, que con el sentimiento abstracto, con la violencia práctica del sentimiento, con el sentimiento que no se ha hecho contemplación, trata de conmover el ánimo e ilusionarle sobre la deficiencia de la imagen, del mismo modo que el arte, que con la claridad superficial, con el dibujo falsamente correcto, con la palabra falsamente precisa, trata de ilusionar con la ausencia de razón estética que justifique sus figuras sobre la deficiencia del sentimiento inspirador. Una célebre sentencia, debida a un crítico inglés, y que ha pasado hogaño a los formulistas de los periódicos, anuncia "que todas las artes son de la misma condición que la música". Se podría decir lo mismo, con mayor exactitud, afirmando que todas las artes son música, si es que quiere hacerse resaltar la génesis sentimental de las imágenes artísticas, excluyendo de su zona las construidas mecánicamente y las pasadas en la realidad. Otra no menos célebre sentencia, debida a un semifilósofo suizo, y a la que ha tocado la mala o buena fortuna de vulgarizarse, descubre que "todo paisaje es un estado del alma", cosa indudable, no porque el paisaje sea paisaje, sino porque el paisaje es arte.

La intuición artística es, pues, siempre intuición lírica, palabra esta última que no está como adjetivo ni determinante de la intuición, sino como sinónimo, como otro de los muchos sinónimos que pueden añadirse a los que se ha recordado y que designan todos ellos la intuición. Y si alguna vez como sinónimo asume la forma gramatical del adjetivo, la asume para hacer entender la diferencia que existe entre la intuición-imagen, o sea entre el nexo de imágenes, y porque lo que se llama imágenes es siempre nexo de imágenes, no existiendo imágenes-átomos, como no existen pensamientos-átomos, entre la intuición veraz que constituye organismo, y que, como organismo, tiene su principio vital, que es el organismo mismo, y la falsa intuición, que es amasijo de imágenes, barajado por juego, por cálculo o por otro fin práctico, cuyo nexo, práctico también, se demuestra, considerado desde el aspecto estético, no ya orgánico, sino mecánico. Pero no siendo para estos fines afirmativos y polémicos, la palabra lírica sería redundante. Y el arte queda perfectamente definido cuando se define con toda sencillez como intuición.

El proceso de distinción que he trazado sumariamente entre el arte y todo lo que con el arte se confunde o suele confundirse, me obliga, indudablemente, a un no pequeño esfuerzo mental; pero este esfuerzo tiene, al fin, su premio en la libertad, que por su medio se conquista, en relación con las múltiples distinciones falaces que se topan en el campo de la Estética. Las cuales, si bien se reducen al primer golpe de vista por su misma facilidad y engañosa evidencia, impedirán de hecho toda inteligencia profunda de lo que es verdaderamente el arte. Y aunque no faltan los que, sirviéndose de la facultad de repetir las distinciones tradicionales y vulgares, se resignan voluntariamente a no entender nada, a nosotros nos corresponde hoy, por el contrario, desecharlas todas como obstáculo para el nuevo trabajo al que nos invita la nueva orientación teórica y gozar de la agilidad que nos produce el hecho de sentirnos enriquecidos interiormente. Porque la riqueza no se adquiere sólo con la posesión de muchos objetos, sino deshaciéndose de todos aquellos que son pasividades económicas.

Y comencemos con la más famosa de estas pasividades económicas en el campo de la Estética, con la distinción de contenido y forma, que dio lugar, en el siglo XIX, a una célebre división de escuelas, en la Estética del contenido –*Gehalttsaesthetik*– y la Estética de la forma –*Formaesthetik*–. Los problemas de los que surgían estas escuelas opuestas los formularemos en seguida. ¿Consiste el arte solamente en el contenido, o solamente en la forma, o en la forma y en el contenido a la vez? ¿Cuál es el carácter del contenido y cuál el de la forma estética? Y los unos responden que el arte está todo en el contenido, determinado a las veces como lo que place, o como lo que es moral, o como lo que eleva al hombre al cielo de la metafísica o de la religión, o como lo que es realmente exacto o, en fin, como lo que es natural y físicamente bello. Y los otros añaden que el contenido es indiferente, que es una simple armadura o un sencillo andamio de que cuelgan las bellas formas, y que ellas solamente solazan y deleitan el espíritu estético: la unidad, la armonía, la simetría, etc., y cada bando se procuraba adeptos y devotos, procurando colocar a su vera el elemento que se había excluido primeramente de la naturaleza del arte. Los partidarios del contenido admitían de buen grado que no perjudicaba a éste –elemento constitutivo de lo bello, según la escuela– que se adornase con formas bellas, presentándose como unidad, simetría y armonía. Los formalistas, a su vez, afirmaban que, si no el arte, el efecto del arte crece con el valor del contenido, porque se tiene, en este caso, no un valor, sino la suma de dos valores. Estas doctrinas, que han adquirido su mayor corpulencia escolástica en Alemania, entre los hegelianos y los herbatianos, se encuentran, además, por todas partes en la historia de la Estética, antigua, medieval, moderna y modernísima y, lo que importa más, en la opinión común, porque nada hay tan común como oír que un drama es bello de forma pero concepto pero compuesta en versos feos; que un pintor sería verdaderamente ilustre si no malgastase su brío de dibujante y de colorista en "argumentos pequeños e indignos" y si eligiese, en cambio, otros de importancia histórica, patriótica o sociológica. Puede decirse que el gusto sutil y el verdadero sentido crítico del arte están obligados a defenderse continuamente de juicios tan extraviados, que nacen de tales doctrinas, que convierten a los filósofos en vulgo, sintiéndose, en cambio, el vulgo casi filósofo, porque se halla de acuerdo con estos filósofos-vulgo.

El origen de tales doctrinas no es para nosotros un secreto, porque en la breve referencia que hemos hecho nos hemos dado cuenta de que proceden del tronco de las concepciones hedonistas, moralistas, conceptistas o físicas del arte, las cuales, no percibiendo lo que hace que éste sea tal, se ven luego obligadas a tornarse a apoderar de él, después de dejársele escapar, aceptándole bajo forma de elemento accesorio y accidental. Los teorizantes del contenido concibieron el arte como el abstracto elemento formal, y los formalistas como el elemento abstracto del contenido. Lo que a nosotros nos interesa de tales estéticas es precisamente esta dialéctica, en que los devotos del contenido se hacen involuntariamente formalistas, y los formalistas devotos del contenido, pasando los unos al puesto de los otros, pero para detenerse con inquietud y trasladarse luego al punto de partida. Las "formas bellas" de los herbartianos no difieren en nada de los "contenidos bellos" de los hegelianos, porque las unas y los otros son nada. Todavía nos interesa más observar los esfuerzos que han hecho unos y otros para salir de su cárcel, los golpes que descargan sobre sus muros y paredes y los huecos que algunos de estos pensadores han logrado abrir en ellos. Esfuerzos vacíos y estériles como los de los partidarios del contenido –véanse, por ejemplo, en la *Philosophie des Schönen*, de Hartmann– que, hilando malla a malla, y componiendo su red de "contenidos bellos" –bello, sublime, cómico, trágico, humorístico, patético, idílico, sentimental, etc.–, tratan de abrazar con ella toda forma de realidad, hasta la realidad que llaman fea; y no se dan cuenta de que su contenido estético, que se hace coincidir poco a poco con toda la realidad, no tiene ningún carácter que le distinga de los demás contenidos, no habiendo ningún contenido fuera de la realidad. Así es que su teoría fundamental queda, de esa manera, fundamentalmente negada. Tautologías como las de los partidarios del contenido formalista, que mantienen el concepto de un contenido estético y lo definían como "lo que interesa a un hombre", poniendo el interés como relativo al hombre en las distintas situaciones históricas, o lo que es igual, relativo al individuo, que era otro modo de negar la tesis fundamental, porque está muy claro que el artista no produciría el arte si no se interesase por algo que es el dato y el problema de su producción, algo que se convierte en arte porque el artista, que se ha interesado en ello, lo ha hecho tal. Escapatorias de formalistas que, después de haber confinado el arte en las abstractas formas bellas, vacías por sí de todo contenido, que podían añadirse a los contenidos por otra adhesión haciendo como una suma de dos valores, introducían tímidamente entre las formas bellas la de "la armonía de la forma con el contenido", o se declaraban más resueltamente partidarios de una especie de eclecticismo que consideraba el arte como relación del contenido bello con la forma bella. Así, con incoherencia digna de eclécticos, atribuían a los términos fuera de relación las cualidades que solamente en la relación asumían.

La verdad es precisamente ésta; que contenido y forma deben distinguirse perfectamente en el arte, pero no pueden calificarse separadamente como artísticos, precisamente por ser artística solamente su relación; es decir, su unidad, entendida no como unidad abstracta y muerta, sino como la concreta y viva de la síntesis "a priori".

El arte es una verdadera síntesis estética a priori, de sentimiento e imagen en la intuición, de la cual puede repetirse que el sentimiento sin la imagen es ciego y que la imagen sin el sentimiento está vacía. Fuera de la síntesis estética, sentimiento e imagen no existen para el espíritu artístico; existirán con distintos atributos en otros campos de la Estética, siendo entonces el sentimiento el espíritu practico que ama y odia, desea y repudia, y la imagen del inanimado residuo del arte, la hoja seca del viento de la imaginación y de los caprichos del juego. Pero nada de esto reza con el artista y con el filósofo de la Estética, porque el arte ni es el vano fantasear ni la pasión tumultuosa, sino la superación de este acto por otro acto o, si os place más, la sustitución de este tumulto con otro tumulto, con el anhelo hacia la formación y la contemplación, con las angustias y las alegrías de la creación artística.

Es indiferente, por lo tanto, achaque de mera oportunidad terminológica, presentar el arte como contenido o como forma, porque se sobreentiende siempre que el contenido está formado y que la forma está llena, que el sentimiento es sentimiento figurado y la figura figura sentida. Solamente por galantería hacia aquel que hizo valer mejor que los demás el concepto de la autonomía del arte y quiso afirmar esta autonomía con la palabra forma, oponiendo de este modo el contenidismo abstracto de los filosofastros y de los moralistas al abstracto formulismo de los académicos, por galantería, repito, a De Sanctis, y también por la siempre urgente polémica contra el intento de absorber el arte en otros modos de actividad espiritual, podrá llamarse a la estética de la intuición "Estética de la forma". Rebatamos de paso la objeción que pueden hacernos, más bien con sofisma de abogado que con sutileza de hombre de ciencia, de que también la Estética intuitiva, designando el contenido del arte como sentimiento o estado del ánimo, lo coloca fuera de la intuición, pareciendo reconocer que un contenido que no sea sentimiento o estado del ánimo no se presta a la elaboración artística y no es contenido estético. El sentimiento o estado del ánimo no es un contenido particular, sino todo el universo mirado *sub specie intuitionis*. Fuera de él, ningún otro contenido es concebible que no sea a la vez una forma, distinta de la forma intuitiva, no los pensamientos que son todo el universo *sub specie cogitationis*, no las cosas físicas y los entes matemáticos, que son todo el universo *sub specie schematismi et abstracttonis*, no las voluntades que son todo el universo *sub specie volitionis*.

Otra distinción, no menos falaz –a la que suelen referirse los vocablos contenido y forma– destaca la intuición de la expresión, la imagen de la traducción física de la imagen, poniendo a un lado fantasmas de sentimientos, imágenes de hombres, de animales, de paisajes, de acciones, de aventuras, y de otro sonidos, tonos, líneas, colores. A estas cosas se llama lo externo del arte y a las otras lo interno, a las unas arte propiamente dicho y a las otras técnica. Distinguir lo interno de lo externo es cosa fácil, achaque de palabras, especialmente cuando no se sutilizan lo bastante las razones y los modos de la distinción, y cuando la distinción no se utiliza para prestarnos servicio alguno, hasta el punto de que, con no pensar en ella, puede parecer indudable al pensamiento. Pero el problema es muy distinto cuando, como en toda distinción, pasamos a establecer las relaciones y a unificar, porque entonces se tropieza uno con obstáculos insuperables. Lo que ahora es distinto, si no se distingue bien, no se puede unificar, ¿De qué modo una cosa extraña, y extraña a lo interno, puede confundirse con él, expresarlo? ¿Cómo puede expresarse un sonido o un color, una imagen, sin color o sin sonido? ¿Cómo puede expresar un cuerpo lo incorpóreo? ¿De qué modo pueden concurrir, en un solo acto, la espontaneidad de la fantasía y la reflexión, es decir, la acción técnica? Distinta la intuición de la expresión, siendo la una de diferente naturaleza que la otra, no hay ingenio de términos medios que nos sirva para soldar la una con la otra. Todos los procesos de asociación, de hábito, de mecanización, de olvido, de intensificación del instinto, que los psicólogos han propuesto y desarrollado fatigosamente, dejan abierta la brecha al fin y al cabo; de un lado la expresión, de otro la imagen. Y parece que no queda más salida que refugiarse en la hipótesis de un misterio que, según los gustos, ora poéticos, ora matemáticos, tomará la forma de un misterioso matrimonio o de un misterioso paralelismo psicológico. Pero el primero es, a su vez, un paralelismo envuelto en la ficción, y el paralelismo un matrimonio celebrado en la lejanía de los siglos y en las tinieblas de lo incognoscible.

Antes de recurrir al misterio –refugio para el que siempre tenemos tiempos de acudir– hay que determinar si los dos elementos son legítimamente distintos y si subsiste o sí se concibe una intuición que no lleve aparejada la expresión. Puede darse que la cosa sea, en otro respecto, insubsistente o inconcebible, como un alma sin cuerpo, de lo cual, a decir verdad, se ha hablado demasiado en las filosofías y en las religiones; pero el que se haya hablado de ello no quiere decir que se haya experimentado y concebido. En realidad, no conocemos sino intuiciones expresadas, Un pensamiento no es un pensamiento sino cuando se formula en palabras; una fantasía musical es tal cuando se concreta en sonidos; una imaginación pictórica lo es cuando se plasma en el color. No decimos que las palabras se declamen necesariamente en alta voz o que la música se oiga en tal instrumento o la pintura se fije en una tabla. Lo que es evidente es que cuando un pensamiento es verdaderamente pensamiento, cuando ha llegado a la madurez de pensamiento, por todo nuestro organismo corren las palabras solicitando los músculos de nuestra boca y resonando interiormente en nuestros oídos. Cuando una música es verdaderamente música, tiembla en la garganta y estremece los dedos que corren sobre teclados ideales. Cuando una imagen pictórica es pictóricamente real, nos sentimos impregnados de líneas que son colores, y es el caso que aunque las materias colorantes no se hallen a nuestra disposición, coloreamos espontáneamente los objetos que nos rodean por una especie de irradiación, como se cuenta de ciertos histéricos y de ciertos santos que, imaginativamente, se señalaban ciertos estigmas en las manos y en los pies. Antes de que se forme este estado de expresión en el espíritu, el pensamiento, la fantasía musical, la imagen pictórica no existían sin la expresión que inevitablemente las acompaña. Creer en la preexistencia es sentar plaza de personas simples, que no cabe simpleza comparable a la de dar fe a esos poetas, pintores o músicos imponentes, que tienen siempre la cabeza llena de creaciones poéticas, pictóricas o musicales, sin acertar a traducirlas en forma externa, porque se resienten de la expresión o porque la técnica no ha progresado suficientemente para prestarles medios logrados para su expresión. ¡Como si no las hubiera ofrecido, hace ya muchos siglos, a Homero, a Fidias o a Apeles, y solamente fuera tacaña con los que llevan un arte más grande en su vasto caletre! Ingenua creencia que nace, a las veces, de una ilusión, por haber ideado y expresado, en consecuencia, algunas imágenes singulares, que nos hacen creer, echando mal las cuentas con nosotros mismos, que poseemos ya todas las imágenes que deben entrar en juego en una obra, sin que estemos en posesión del nexo vital que deba unirías, porque no se ha formado todavía, dejando inexpresadas, por lo tanto, tales imágenes.

El arte, entendido como intuición, según el concepto que he expuesto, habiendo negado frente a sí un mundo físico que ha considerado como construcción abstracta de nuestra inteligencia, no sabe qué hacer del paralelismo entre la sustancia pensante y la sustancia misma. Y no puede promover matrimonios imposibles, porque su sustancia pensante, o lo que monta tanto, su acto intuitivo, es perfecto en sí, siendo el hecho mismo que la inteligencia construye luego con más extensión. Cuando es inconcebible una imagen sin expresión, es más que concebible, mejor aún, lógicamente necesaria, una imagen que lleva la expresión consigo, porque es realmente imagen. Si quitamos a una poesía su métrica, su ritmo y sus palabras, no queda de todo aquello el pensamiento poético, como opinan algunos; no queda absolutamente nada. La poesía ha nacido como aquellas palabras, aquel ritmo y aquella métrica. La expresión no puede ni siquiera compararse a la epidermis de un organismo, a no ser que se diga –cosa que tampoco es falsa en fisiología– que todo el organismo, en cada célula y en cada célula de célula, es también epidérmico.

Pero no estaría nunca de acuerdo con mis convicciones metodológicas ni con el propósito de hacer justicia a los errores –y ya la he hecho a la dualidad de contenido y forma, mostrando la verdad a que tiende y que no acierta a explicarse–, si no indicase, además, qué verdad yace en el fondo de esta distinción de lo indistinguible, de la intuición en intuición y expresión. Fantasía y técnica se distinguen razonablemente, pero no como elemento de arte, y se ligan y confunden entre sí, no en el campo del arte, sino en el más vasto del espíritu en su totalidad. Problemas técnicos –prácticos– a resolver, dificultades que vencer, se ofrecen verdaderamente al artista, si es que verdaderamente hay algo que no siendo físico, sino espiritual, como es toda cosa real, puede, con respecto a la intuición, llamarse metafísicamente físico. ¿Y qué cosa es este algo? El artista, que hemos dejado vibrando con imágenes expresadas que prorrumpen por los infinitos poros de todo su ser, es hombre completo y, por ende, hombre práctico, y como tal, se procura los medios de no desperdiciar el resultado de su labor espiritual y de hacer posible y hacedera, para sí y para los otros, la reproducción de sus imágenes. Por eso reacciona en actos prácticos que sirven para su obra de reproducción. Estos actos prácticos van seguidos, como todo acto práctico, de conocimientos que se llaman técnicos por eso. Y como prácticos, se distinguen de la intuición, que es técnica, pareciendo externos a ésta, por lo que se llaman físicos. Advirtamos que toman con facilidad este nombre porque la inteligencia los fija y los abstrae.

Por eso con la palabra y con la música llegamos a la escritura y al fonógrafo, con la pintura a las telas, las tablas y los muros henchidos de color, con la escultura y la arquitectura a las piedras talladas, el hierro, el bronce y los metales fundidos, moldeados y forjados de maneras distintas. Las dos formas de actividad son también completamente distintas, porque se puede ser, a la vez, gran artista y pésimo técnico, poeta que corrige mal las pruebas de imprenta de sus versos, arquitecto que se sirve de material mediocre y no se cuida de la estática para maldita la cosa, pintor que emplea colores que se alteran con rapidez. Ejemplos de esta insuficiencia técnica abundan con tanta frecuencia, que no nos creemos, por ser tan conocidos, en la necesidad de citarlos. Pero no, se puede ser gran poeta y hacer malos versos, gran pintor y no saber entonar los colores, gran arquitecto y no armonizar las líneas, gran compositor y no acordar los sonidos. De Rafael se ha dicho que hubiera sido un gran pintor aunque no hubiera tenido manos; lo que no se ha dicho de él es que hubiera sido un gran pintor aunque le hubiera faltado el sentido del dibujo. Y –notemos de pasada, porque he de condensar todo lo que me sea posible– esta aparente transformación de las intuiciones en cosas físicas –análoga de hecho a la transformación aparente de las necesidades y del trabajo económico en cosas y mercancías– explica cómo se ha llegado a hablar, no sólo de "cosas artísticas" y de "cosas bellas", sino de un "bello de naturaleza". Es evidente que, aparte de los instrumentos que se forjan para la reproducción de las imágenes, pueden encontrarse objetos ya existentes, producidos o no por el hombre, que sirven para tal función, o que son más o menos aptos para fijar el recuerdo de nuestras intuiciones. Estas cosas toman el nombre de "bellezas naturales" y ejercitan su poder solamente cuando se las aprehende con el ánimo mismo con que sabe aprehenderlas el artista o los artistas que han sabido valorizarlas, estableciendo el "punto de vista" desde el cual hay que contemplarlas, ligándolas, de esta suerte, a una intuición suya. Pero la adaptación, siempre imperfecta, y la mutabilidad y caducidad de las "bellezas naturales" justifican el puesto inferior que se les asigna con relación a las bellezas producidas por el arte. Dejemos a los necios afirmar que un hermoso árbol, un bello río, una sublime montaña, un bonito caballo o una estupenda figura humana son superiores al golpe de buril de Miguel Ángel o al verso del Dante; nosotros decimos, con mayor propiedad, que la Naturaleza es estúpida frente al arte, y que es muda si el hombre no la hace hablar.

Otra tercera distinción, que también se industria para distinguir lo indistinguible, se acoge al concepto de la expresión estética y la escinde en dos momentos, momento de la expresión, estrictamente considerada –propiedad– y momento de la belleza de la expresión –ornato– fundando en ellos la clasificación de dos órdenes de expresiones: las expresiones desnudas y las adornadas. De tal doctrina podemos encontrar vestigios en todas las distintas zonas del arte, y sobre todo en la que se denomina con un nombre célebre, Retórica, conociendo una historia larguísima desde los retóricos juegos hasta nuestros días, perdurando en las escuelas, en los tratados y hasta en las estéticas de pretensiones científicas, y en las ideas vulgares, como es natural, aunque en la época nuestra haya perdido mucho de su vigor primitivo. Hombres de alto entendimiento, por razones de inercia y de tradición, la han aceptado y dejado vivir secularmente, y los pocos que se han rebelado contra ella no han cuidado de elevar a sistema su protesta y de cortar radicalmente el error. El daño que ha hecho la Retórica con la idea del hablar adornado, como diverso y más recomendable que el desnudo, no se ha encerrado sólo en el castillo de la Estética, sino que ha irrumpido en los campos de la crítica y hasta de la educación literaria, porque tan incapaz como es de comprender la pura belleza, es tan apta, por lo demás, para enredarse en una aparente justificación de la belleza artificiosa, recomendando que se escriba hinchada, melindrosa e impropiamente. La participación que hace, y sobre la que se apoya, se contradice lógicamente, porque como es fácil de probar, destruye el concepto mismo que trata de dividir en momentos y objetos, que trata de dividir en clases. Una expresión propia, si es propia, es también bella, porque la belleza no es otra cosa que la determinación de la imagen y, por ende, de la expresión. Si al llamarla desnuda se quiere advertir que falta en ella algo que debería estar, en este caso es impropia y deficiente, y no es todavía expresión. Por conversión, una expresión adornada, si es expresiva en todas sus partes, no puede llamarse adornada, sino desnuda como la otra y propia como la otra. Si contiene elementos inexpresivos, añadidos, extrínsecos, ya no es bella, sino fea, y no es, o no es todavía, expresión, porque para serlo necesita purificarse de los elementos extraños, como la otra debe enriquecerse con los elementos que le faltan.

La expresión y la belleza no son dos conceptos, sino uno solo, que pueden designarse con uno o con otro de los vocablos sinónimos; la fantasía artística es siempre corpórea, pero no obesa, ni sobrecargada, ni adornada. Bajo esta falsísima distinción palpitaba un problema, y de él la necesidad de establecer una nueva distinción; el problema, como puede desprenderse de algún pasaje de Aristóteles, de la psicología y de la gnoseología de los estoicos, y como se ve más claramente en las discusiones de los retóricos italianos del siglo XVII, se refería a las relaciones entre pensamiento y fantasía, filosofía y poesía, lógica y estética –dialéctica y retórica, como todavía se decía entonces mano abierta y mano cerrada–, refiriéndose la expresión desnuda al pensamiento y a la filosofía, y la expresión adornada a la fantasía y a la poesía. Pero no es menos verdad que este problema de la distinción entre las dos formas del espíritu teórico no podía resolverse en el campo de cualquiera de ellas, de la intuición o de la expresión, donde no encontraremos otra cosa que fantasía, poesía, estética. La indebida introducción de la lógica proyectará solamente una sombra engañosa para hacer adormecer la inteligencia, apartándola de la vista del arte en su plenitud y pureza, sin prestarle la del elemento lógico y la del pensamiento.

Pero el daño más grave que la doctrina retórica de la expresión adornada ha ocasionado a la sistematización teórica de las formas del espíritu humano conviene al uso del lenguaje, porque cuando se admiten expresiones desnudas y simplemente gramaticales y expresiones adornadas y retóricas, nos referimos lógicamente a las expresiones desnudas o gramaticales, y como consecuencia ulterior –no encontrando razones gramaticales, retóricas y estéticas que lo justifiquen– trasladándonos al campo de la lógica, asignándole el papel de una semiótica o de un ars significando. En efecto, la concepción lógica del lenguaje se confunde estrechamente y procede a la par de la doctrina retórica de la expresión; las dos nacieron juntas en la antigüedad griega y las dos viven aún en nuestros tiempos entre adversidades. La rebelión contra el sentido lógico en la doctrina del lenguaje ha sido tan rara y ha tenido tan poca fortuna como la rebelión contra la retórica. Solamente durante el período romántico, un siglo después de Vico, se ha formado en algunos pensadores y en algunas escuelas selectas viva conciencia de la naturaleza fantástica o metafísica, que es peculiar en el lenguaje, y de que tiene una relación más estrecha con la poesía que con la lógica. Hasta en los mejores, en los que persistía una idea más o menos extraartística del arte, se advertía cierta repugnancia a identificar el arte con la poesía. Lo que a nosotros se nos antoja no solamente ineludible, sino grato, ya que hemos establecido el concepto del arte como intuición y el de intuición como expresión, donde ya va envuelta implícitamente la idea de su identidad en el lenguaje. Pero para esto es preciso que el lenguaje se conciba en toda su extensión, sin restringirle arbitrariamente al lenguaje llamado articulado y sin excluir arbitrariamente el tónico, el mímico, el gráfico, concibiéndole, repetimos, en toda su extensión, en su realidad, que es el acto mismo del hablar, sin falsificarle en las abstracciones de las gramáticas y de los vocabularios, y sin imaginar solamente que el hombre había con la gramática y con el vocabulario. El hombre habla a cada momento como el poeta, porque lo mismo que el poeta expresa sus impresiones y sentimientos en forma de conversación o familiar, que no

se separa por ningún abismo de las formas prosistas, pro-
saico-poéticas, narrativas, épicas, dialogadas, dramáticas,
líricas, cantadas, etc. Y si al hombre en general no le disgusta ser considerado como poeta, como siempre poeta,
por la fuerza de su humanidad al poeta no debe disgus-
tarle tampoco que se le confunda con la humanidad
común, porque sólo esta confusión explica el poder que la
poesía, entendida en su sentido estricto y augusto, tiene
en todos los espíritus humanos. Si la poesía fuese una lengua aparte, una "lengua de los dioses", los hombres no la
entenderían.

Si les eleva, no les eleva sobre sí mismos, sino dentro de
sí mismos; la verdadera aristocracia y la verdadera demo-
cracia coinciden también en este caso. Coincidencia de
arte y de lenguaje que implica, como es natural, coincidencia de Estética y de Filosofía del lenguaje, definible la
una por la otra, idénticas, cosa que yo me aventuré a
poner, hace algunos años, en el título de mi tratado sobre
Estética, y que ha hecho el efecto que yo buscaba sobre
muchos lingüistas y filósofos de arte de Italia y de fuera de
Italia, a juzgar por la copiosa literatura que se ha produci-
do en derredor de mi título. Esta identidad beneficiaría a
los estudios sobre arte y sobre poesía, purificándolos de
los residuos hedonistas, moralistas y conceptistas que se
notan con tanta abundancia en la crítica literaria y artística. Mayor beneficio recaerá sobre los estudios lingüísti-
cos, a los que urge desembarazar de los métodos fisiológi-

cos, psicológicos y psicofisiológicos hoy tan de moda, y librarlos al mismo tiempo de la teoría, que vuelve a aparecer; del origen convencional del lenguaje, que suele llevar consigo, por reacción inevitable, la inevitable correlación de la teoría mística. No será ya necesario que, al menos en este lugar, construyamos absurdos paralelismos y promovamos misteriosos matrimonios entre imagen y signo, porque no concebimos el lenguaje como signo, sino como imagen que es signo de sí misma y que tiene color, sonido, canto. Lo que significa la imagen es la obra espontánea de la fantasía, de modo que el signo que todo hombre conviene con otro hombre presupone la imagen y, por ende, el lenguaje. Cuando se insiste en explicar que hablamos gracias al concepto del signo, tenemos que recurrir finalmente a Dios, como sugeridor de los primeros signos, teniendo que echarnos de bruces en lo incognoscible para explicar el lenguaje.

Cerraré la enumeración de los prejuicios sobre el arte reseñando los de mayor uso, porque se mezclan en la vida cotidiana de la crítica y de la historiografía artística; con el prejuicio, en primer lugar, de la posibilidad de distinguir varias o muchas formas particulares de arte, determinada cada una en su concepto particular, en sus límites, y provista de leyes propias. Esta errónea doctrina toma cuerpo en dos series sistemáticas, una de las cuales es conocida como teoría de los géneros literarios o artísticos –lírico, drama, novela, poesía épica o novelesca, idilio, comedia, tragedia; pintura sagrada, civil, familiar, de naturaleza viva, de naturaleza muerta, de paisaje, de flores y frutos; escultura heroica, funeraria, de costumbres; música de cámara, de iglesia, de teatro; arquitectura civil, militar, eclesiástica, etcétera–, y la otra, como teoría de las artes –poesía, pintura, escultura, música, arte del actor, arte de la jardinería, etc.–. A las veces, surge una de estas teorías como subdivisión de la otra. Este prejuicio, que es de origen bien notorio, tiene sus primeros insignes monumentos en la cultura griega y perdura entre nosotros. Muchos estéticos componen hoy mismo tratados sobre la estética de lo trágico, o de lo cómico, o de la lírica, o del humorismo, y estéticas de la pintura, de la música, de la poesía –que reciben, en este caso, el viejo nombre de Poéticas–, y lo que es peor (porque tales estéticos son poco escuchados y escriben o para deleite solitario o para menesteres académicos), los críticos, al juzgar las obras de arte, no han perdido del todo la manía de volver a los géneros y a las artes particulares en que, según ellos, se dividen las obras de arte. Y en lugar de poner en claro si una obra es bella o fea, continúan razonando sus impresiones y diciendo que observan o que violan las leyes del drama, o de la novela, o de la pintura, o del bajorrelieve. Tan divulgado está el uso de considerar las historias artísticas y literarias como historias de géneros, y de presentar a los artistas como cultivadores de éste o de aquél, y de fraccionar en tantas casillas como géneros la obra de un artista, como afirmar que éste tiene unidad de desarrollo o que adopta la forma lírica, novelesca o dramática. Así. Ludovico Ariosto, por ejemplo, figura unas veces entre los cultivadores de la poesía latina del Renacimiento, otras entre los líricos que escriben la lengua vulgar, otras entre los autores de las primeras sátiras italianas, otras entre los autores de las primeras comedias y, finalmente, entre los perfeccionadores de los poemas caballerescos, como si poesía latina, poesía vulgar, sátira, comedia y poema no fueran siempre el mismo Ariosto, poeta en los distintos intentos, formas y lógica de su desenvolvimiento espiritual.

No es esto decir que la teoría de los géneros y de las artes no haya tenido y no tenga su dialéctica interna, su autocrítica o su ironía, según la expresión que mejor os acomode. Nadie ignora que la historia literaria está llena de casos en los que el artista genial ofende con su obra a un género establecido, suscitando la reprobación de los críticos, Reprobación que no logra, por lo demás, sofocar la admiración o la popularidad que ha despertado la obra, hasta que, al fin, no pudiendo descalificar al autor ni queriendo tampoco estar a malas con los críticos de los géneros, se acaba generalmente con una componenda, ampliando el género en cuestión o haciendo brotar junto a él otro género nuevo a guisa de hijo bastardo. Y la componenda dura por inercia hasta que una nueva obra genial viene a romper nuevamente las normas preestablecidas. La ironía de la doctrina estriba en la imposibilidad en que se encuentran sus teóricos de limitar lógicamente los géneros y las artes. Todas las definiciones que elaboran, cuando se examinan de cerca, o se esfuman en la definición general del arte, o se reducen a la elevación arbitraria de singulares obras de arte a géneros y normas, que no pueden reducirse a términos rigurosos de lógica. A qué absurdos conduce el esfuerzo de determinar rigurosamente lo que es indeterminable por la contradicción de su naturaleza, puede verse en los genios, por ejemplo en Lessing, que llega al extravagante pensamiento de que la pintura representa a los cuerpos: ¡los cuerpos, no las acciones ni las almas, no la acción ni el alma del pintor!

Estos absurdos se advierten después en los problemas que lógicamente brotan de esta ausencia de lógica, asignando a cada género y a cada arte un campo determinado; debatiendo acerca de qué arte o de qué género es superior a Otro –¿será la pintura superior a la escultura, el drama a la lírica?–; reconociendo con aquéllas divisiones la fuerza de cada arte; disertando acerca de si conviene reunir las fuerzas diseminadas en un género de arte que derrotará a los otros como derrotará una coalición de ejércitos a un ejército solo. La obra, por ejemplo, que junta en su regazo poesía, música, arte escénico, decoración, ¿no contendrá más fuerza estética que un simple *lied* de Goethe o que un dibujo de Miguel Ángel? Cuestiones, distinciones, definiciones y gustos que tiene que desdeñar el sentido artístico y poético, que ama cada obra en sí por lo que ella es, como una criatura viva, individual e incomparable, y que sabe que cada obra tiene su ley individual y su valor pleno e insustituible. De esta laya ha nacido la discordia entre el juicio afirmativo de los espíritus artísticos y el negativo de los críticos de oficio, y entre el afirmativo de éstos y los negativos de aquéllos. Los críticos de oficio pasan a veces, con buena razón, por pedantes, y las almas artísticas, a su vez, sientan plaza de "profetas desarmados", de gentes incapaces de razonar y deducir la teoría justa inmanente en sus juicios y de contraponerla a la pedantería de los adversarios.

Esta teoría justa es precisamente un aspecto de la concepción del arte como intuición o intuición lírica. Como cada obra de arte expresa un estado de alma, y el estado de alma es individual y siempre nuevo; la intuición supone intuiciones infinitas que no nos es posible encerrar en un casillero de géneros, a menos de que esté compuesto de infinitas casillas de intuiciones y no de géneros. Como, por otra parte, la individualidad de la intuición supone la individualidad de la expresión, y una pintura es tan distinta de otra pintura como de la poesía; como la poesía y la pintura no valen por los sonidos que emiten en el aire o por los colores que se refractan de la luz, sino por lo que saben decir al espíritu en cuanto se adentran en él, es inútil dirigirse a los medios abstractos de la expresión para construir otra serie de géneros y de clases. Véase lo infundada que es cualquier teoría que se base en la división de las artes. El género o la clase es, en este caso, uno solo: el arte mismo o la intuición, cuyas singulares obras son infinitas, todas originales, todas ellas imposibles de traducir en otras –porque traducir, traducir con vena artística es crear una nueva obra de arte– y todas rebeldes con relación a la inteligencia clasificadora.

Entre lo universal y lo particular no se interpone filosóficamente ningún elemento intermedio, ninguna serie de género o de especies, de *generalia*.

Ni el artista que produce el arte, ni el espectador que lo contempla necesitan más que lo universal y lo individual, o mejor aún, lo universal individualizado, de la universal actividad artística que se ha contraído y concertado enteramente en la representación de un singular estado de ánimo.

Aunque ni el puro artista, ni el puro crítico, ni el puro filósofo tropiecen con *generalia*, con géneros y clases, éstas prestan su utilidad en otros respectos. En esta utilidad estriba el lado verdadero, que no quiero dejar de mencionar, de tan erróneas teorías. Conviene tejer esta red de *generalia*, no para la producción que es espontánea del arte, ni para el juicio que es filósofo, sino para recoger y circunscribir de algún modo, auxiliando la atención y la memoria, las infinitas intuiciones singulares que sirven para enumerar parcialmente las innumerables obras de arte. Estas clases, como es natural, caminan de acuerdo, o con la imagen abstracta o con la expresión abstracta, y por eso son clases de estado de ánimo, géneros literarios o artísticos o clases de medios expresivos –artes–. No vale objetar aquí que los géneros o artes son arbitrariamente distintos y que es arbitraria la misma dicotomía general, porque ya sabemos que el procedimiento es arbitrario, pero se convierte en inocuo y útil por el hecho mismo de que no tiene pretensión alguna de principio filosófico y de criterio para el juicio del arte. Estos géneros y clases facilitan el conocimiento y la educación artísticos, dando al conocimiento como un índice de las obras de arte más importantes y facilitando a la educación una suma de las advertencias más urgentes que sugiere la práctica del arte. Todo estriba en que no confundamos los índices con la realidad y los acaecimientos e imperativos hipotéticos con los imperativos categóricos, consecuencia a la que podemos ir con facilidad, pero a la que se puede y se debe resistir.

Los libros de instituciones literarias, de gramática, de retórica –con la división en partes del discurso y con las leyes morfológicas y sintácticas, de arte de la composición musical, de métrica, de arte pictórico, etc.– son sencillamente índices y preceptivas; pero en segundo término, se manifiestan en ellos tendencias hacia expresiones particulares de arte; en ese caso deben considerarse como arte abstracto, arte en preparación –artes poéticos del

Clasicismo y del Romanticismo, gramáticas puras y populares, etc.– y, en tercer lugar, se dan en ellos conatos e intentonas de comprensión filosófica de su argumento, tocados del error que se ha criticado de la división de los géneros y de las artes, error que, por sus contradicciones, abre el camino a la verdadera doctrina de la individualidad del arte.

Esta doctrina produce, a primera vista, una especie de mareo. Las intuiciones individuales, originales (intraducibles, inclasificadas), parecen escapar al dominio del pensamiento, que no podría dominarlas más que seleccionándolas entre sí. Cosa que parece prohibida en esta doctrina que, más que de liberal y de libertaria, peca de anarquista y de anarquizante.

Una pequeña poesía corre parejas estéticamente con un poema; un minúsculo cuadro o un apunte, con un cuadro de altar o con un fresco; una carta puede ser una obra de arte, lo mismo que una novela; hasta una bella traducción es tan original como una obra original. Proposiciones todas éstas irrecusables, porque están deducidas a punta de lógica de premisas inconcusas; proposiciones verdaderas y hasta paradójicas, paradojismo que las presta indudablemente un gran valor, porque las pone enfrente de la opinión corriente. Pero ¿no necesitarán tales proposiciones de algún complemento que las explique mejor? Debe existir un modo de ordenar, subordinar, conectar, entender y dominar las redes de las intuiciones, si no queremos perder la cabeza en este laberinto.

Y existe, en efecto, porque aunque se niegue todo valor a las clasificaciones abstractas, no queremos negárselo a la genérica y concreta clasificación, que no es tal clasificación, y que se llama la Historia. En la Historia cada obra de arte ocupa el puesto que le pertenece, y no otro: la linda balada de Guido Cavalcanti y el soneto de Ceceo Angioleri, que parecen el suspiro y la risa de un instante; la *Commedia*, del Dante, que lleva en sus entrañas un milenio del espíritu humano; las *Macharonee*, de Merlin Cocaio, que escapan a la Edad Media, que agoniza; la elegante traducción de la *Eneida*, hecha por Aníbal Caro en el siglo XVI; la sutil prosa de Sarpi y la prosa jesuítica y frondosa de Daniel Bartoli, Y todo ello, sin que haya necesidad de juzgar como no original lo que es original, porque vive; pequeño lo que no es ni pequeño ni grande, porque no tiene medidas. En todo caso podrá llamarse, si así lo preferís, pequeño o grande, pero metafísicamente, con objeto de manifestar ciertas admiraciones y de poner en claro ciertas relaciones de importancia, que no sean aritméticas ni geométricas. En la Historia, que se viene haciendo cada vez más rica y determinada, y no en las pirámides de conceptos empíricos, que son tanto más vacíos cuanto más elevados y sutiles, se encuentra la trabazón de todas las obras de arte y de todas las intuiciones, porque en la Historia aparecen orgánicamente trabadas, como etapas sucesivas y necesarias del desenvolvimiento del espíritu, notas cada una del poema eterno, que armoniza dentro de sí todos los poemas singulares.

Giulio Carlo Argan *Lo artístico y lo estético*

Pedro Aullón *La ideación barroca*

Jovellanos *Elogio de la Bellas Artes*

Montesquieu *Ensayo sobre el gusto*

P. D'Angelo y S. Velotti (eds.) *El 'no sé qué'*

William Hogarth *Análisis de la belleza*

Georg Simmel *El rostro y el retrato*

Arthur Schopenhauer *Sobre la visión y los colores*

Diderot y Goethe *Ensayo sobre la pintura*

William Hazlitt *El placer de la pintura*

Friedrich Schiller *Lo sublime*

Arthur Schopenhauer *Sobre el genio*

John Ruskin *Imitación y verdad*

Friedrich Nietzsche *Ilusión y verdad del arte*

R.G. Collingwood *El arte y la imaginación*

Paul Valéry *La invención estética*

Tomas Kulka *El kitsch*

Umberto Eco *El museo*

Merleau-Ponty *La duda de Cézanne*

Marcel Proust *Pintores*

Karl Kraus *La tarea del artista*

Sainte Beuve *¿Qué es un clásico?*

Richard Wagner *Arte y revolución*

www.casimirolibros.es

www.casimirolibros.es